皇后楷模——

长孙皇后

◎ 主编 金开诚

◎ 编著 佟成坤

吉林出版集团有限责任公司

吉林文史出版社

图书在版编目（CIP）数据

皇后楷模——长孙皇后 / 佟成坤编著. —长春：
吉林出版集团有限责任公司：吉林文史出版社，2010.11（2023.4重印）
ISBN 978-7-5463-3971-9

Ⅰ.①皇… Ⅱ.①佟… Ⅲ.①李世民（599～649）-皇后-传
记-中国-通俗读物 Ⅳ.①K827=421

中国版本图书馆CIP数据核字(2010)第205557号

皇后楷模——长孙皇后

HUANGHOU KAIMO ZHANGSUN HUANGHOU

主编/金开诚 编著/佟成坤

项目负责/崔博华 责任编辑/崔博华 刘姝君

责任校对/刘姝君 装帧设计/柳甬泽 王丽洁

出版发行/吉林出版集团有限责任公司 吉林文史出版社

地址/长春市福祉大路5788号 邮编/130000

印刷/天津市天玺印务有限公司

版次/2010年11月第1版 印次/2023年4月第6次印刷

开本/660mm×915mm 1/16

印张/9 字数/30千

书号/ISBN 978-7-5463-3971-9

定价/34.80元

前 言

　　文化是一种社会现象，是人类物质文明和精神文明有机融合的产物；同时又是一种历史现象，是社会的历史沉积。当今世界，随着经济全球化进程的加快，人们也越来越重视本民族的文化。我们只有加强对本民族文化的继承和创新，才能更好地弘扬民族精神，增强民族凝聚力。历史经验告诉我们，任何一个民族要想屹立于世界民族之林，必须具有自尊、自信、自强的民族意识。文化是维系一个民族生存和发展的强大动力。一个民族的存在依赖文化，文化的解体就是一个民族的消亡。

　　随着我国综合国力的日益强大，广大民众对重塑民族自尊心和自豪感的愿望日益迫切。作为民族大家庭中的一员，将源远流长、博大精深的中国文化继承并传播给广大群众，特别是青年一代，是我们出版人义不容辞的责任。

　　本套丛书是由吉林文史出版社和吉林出版集团有限责任公司组织国内知名专家学者编写的一套旨在传播中华五千年优秀传统文化，提高全民文化修养的大型知识读本。该书在深入挖掘和整理中华优秀传统文化成果的同时，结合社会发展，注入了时代精神。书中优美生动的文字、简明通俗的语言、图文并茂的形式，把中国文化中的物态文化、制度文化、行为文化、精神文化等知识要点全面展示给读者。点点滴滴的文化知识仿佛颗颗繁星，组成了灿烂辉煌的中国文化的天穹。

　　希望本书能为弘扬中华五千年优秀传统文化、增强各民族团结、构建社会主义和谐社会尽一份绵薄之力，也坚信我们的中华民族一定能够早日实现伟大复兴！

目录

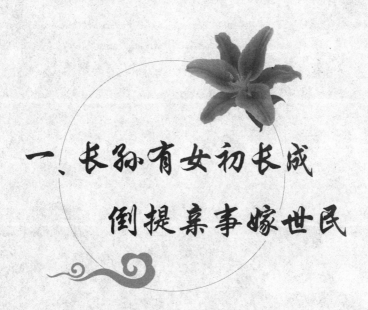

一、长孙有女初长成

倒提亲事嫁世民

长孙氏（601—636年），唐太宗李世民的皇后。据《观世音经信笺注》中所载，长孙氏小名"观音婢"。她真正的名字，史书没有记载，但有一说叫做"长孙无垢"，河南洛阳人。父长孙晟，曾任隋朝右骁卫将军；母高氏，隋朝扬州刺史高敬德之女。武德九年（626年）长孙氏被立为皇后，谥号"文德"。长孙皇后博闻强记、深明大义，时常规谏唐太宗，对唐太宗影响很大。贞观盛世的出现，

她功不可没。贞观十年（636年）六月，长孙皇后在后宫立政殿去世，年仅36岁。同年十一月，葬于昭陵。

长孙氏的祖先是北魏皇族拓跋氏，由于是宗室长子，又立有大功，因此号长孙。长孙氏的祖辈都有非常显赫的地位，长孙皇后的祖先长孙稚做过北魏的大丞相，封冯翊王。长孙稚的儿子长孙裕也就是长孙皇后的太爷爷，被封为平原公。祖父长孙兕，官至左将军。

　　长孙氏之父长孙晟是隋朝的英雄人物，曾任隋朝右骁卫将军，与李渊同朝为官。孙晟喜欢涉猎史书，文韬武略，英勇善战，通晓边境之事。当时隋朝与突厥及其他外族的往来都是由他预先交涉的，他还曾多次代表隋朝出使突厥，并送千金公主入突厥和亲。有一次他在突厥大汗面前，亲挽长弓，弓弦震响声如霹雳。只见两只大雕应声而落，居然是一箭双雕，此后长孙晟被誉为"霹雳堂"。突厥可汗十分敬佩长孙晟一箭双雕的箭法，就把长孙晟留在草原一年教突厥贵族子弟箭法。长孙晟趁机侦察突厥的山川形势，部众强弱。回国以后，长孙晟把突厥的国情地理详细地告诉当时任北周宰相的杨坚，杨坚十分高兴，非常欣赏他，后来隋代北周，文帝采纳了他的离间计，"远交而近攻，离强而合弱"之策几乎让称霸大漠多年的突厥一时间土崩瓦解，为中原解除了来自北方的巨

大威胁，从而大大削弱了突厥势力。

长孙氏的母亲高氏也是出身于渤海的名门望族。长孙家悠久而良好的官宦之风为长孙皇后的成长提供了极好的生活环境。长孙皇后自幼聪慧美丽，知书达理，尤其喜读《史记》类的历史传记书籍，待人接物都谨遵礼法，生活俭朴，深为父母喜爱，被家人视为掌上明珠，受到百般呵护。

然而不幸的是，在长孙皇后 8 岁的时候，她的父亲突然撒手人寰。失去了父亲，长孙氏就等于失去了一切。长孙晟尸骨未寒，前妻之子长孙安业就立即摆出一副新任当家人的架势，毫无顾忌地将继母和异母弟妹赶出了家门。无奈之下，长孙氏的母亲带着兄妹二人投奔了他们的舅父，开始了寄人篱下的生活。

这段不幸的经历，对于长孙氏来说是至关重要的，那样的生活让她学会了察言观色，学会了等待和忍耐，也学会了如何应对复杂的环境。所有这些，都不是每一个人都有机会学到的，也不是每一个人都能承受的，还很幼小的长孙氏在别人的屋檐下渐渐成熟长大，逐渐八面玲珑。这为她在嫁入李家后，在极其复杂的局面之中，还能应对自如，做了很好的铺垫。

然而，十分有趣的是，一代名后长孙氏之所以嫁到李家，是因为倒提亲，即长孙家的人主动向李渊提亲。这在当

时也算是一个不小的新闻了。

长孙氏渐渐长大后，美貌聪慧的名声已广为传播，上门提亲的人络绎不绝，然而能与这般优秀的天之骄女相匹配的郎君却不多，这可着实难住了长孙家的家长。这时，长孙氏的伯父长孙炽提了一个好主意。

长孙炽曾是北周的著名学者，见识广博。在长孙氏为了找婆家而发愁的时候，他突然想到了李渊的妻子窦氏。因为当时曾经盛传北周武帝的外甥女窦氏生来奇特，刚出生之时头上黑发就已经达到颈部，3 岁时这头发的长度就已经与她的身高一样了。窦氏自小见识超常，长大后也素有贤名。长孙炽想这样贤明的母亲教导出来的孩子也肯定非同一般。长孙炽认为，窦氏"此明睿人，必有奇子，不可以不图婚"。为了不至于错失这个最佳女婿，长孙家便干脆来了个倒提亲，请媒人向李家求婚。

　　天作良媒，当时李渊次子李世民尚未娶妻，李世民不仅生得一表人才而且文武双全，年龄也与长孙氏相若。长孙家听说后十分高兴，立刻请媒人去李家倒提媒，要把长孙氏许配给李世民。恰好李渊也早就听说长孙家有女初成，美貌聪慧，知书达理，于是十分欣喜地答应了这门亲事。

　　隋炀帝大业九年（613年），13岁的长孙氏与李世民喜结良缘，从此二十三

年风雨相伴，书写了中国帝王皇后史上的一段佳话。然而美满的婚姻也会有不和谐的音符。长孙安业直到妹妹出嫁之后，也没有表示出丝毫的悔过之意，根本没有重新接纳长孙氏的意思。婚后的长孙氏只能以舅舅的家为"娘家"，她每次"归宁"去的都是高府。长孙氏由衷地感激舅父多年的养育之恩。

然而就在长孙氏刚嫁入李家后不久，在回高府的一次省亲时，发生了一件奇特的事情。

据《旧唐书》记载，在长孙皇后住进了高家之后，舅舅高士廉的侍女张氏在长孙氏的住房外见到了一匹两丈多高的大马，鞍具齐全，浑身闪着金光，神采飞扬。一转眼，这匹似乎从天而降的大马却又平地消失了。张氏看见后十分害怕，又感觉十分奇怪，就把这件事情告诉了高士廉。高士廉听说这个异象后立即请来术士进行推演，占卜术士用阴阳八卦之法推演的最后结论是遇"《坤》之《泰》"，高士廉一头雾水不明所以："何谓

《坤》之《泰》？"

占卜的术士说："至哉坤元，万物资生，乃顺承天。坤厚载物，德合无疆。牝马地类，行地无疆。变而之《泰》，内阳而外阴，内健而外顺，是天地交而万物通也。《象》曰：后以辅相天地之宜而左右人也。龙，《乾》之象也。马，《坤》之象也。变而为《泰》，天地交也。繇协于《归妹》，妇人之兆也。女处尊位，履中居顺也。此女贵不可言。"

这些话的意思是说：马为"坤"象，只要与龙的"乾"象相合，此女一定会贵不可言。所谓乾坤暗喻天地，长孙氏房外的异象暗示着长孙氏将来可能位及人后。

虽然卦辞之说，虚无缥缈，但是高士廉却十分相信术士的话，他看着长孙氏长大，外甥女的才华、智慧都让他动容。而一看李世民便知非池中之物。所以他对于长孙氏和李世民这对人中龙凤，

有了不同寻常的关爱和期待。

虽说如此，但是长孙氏在嫁入李家之后，小小年纪的她不得不面对新的困境。看着别的媳妇身后都有一个娘家做坚定的后盾，而自己却没有一个真正的娘家。原本偏爱李世民，又与长孙氏颇有渊源的婆婆窦氏，则早在她和李世民成亲之前就离开了人世。长孙氏只好在人际关系复杂的贵族大家庭里，谨言慎行地生活着。

二、玄武门前悲歌声
长孙建功助秦王

　　隋朝末年，朝纲败坏，农民起义遍布全国。李渊被炀帝猜忌，政局动乱难于自保，经周密准备后，便与次子李世民在大业十三年（617年）五月起事，并从河东（今山西永济西）召回长子李建成和四子李元吉。李渊起兵后，一面遣刘文静出使突厥，请求可汗派兵相助；一面招募军队，并于七月率师南下。此时李密正率领瓦岗军与困守洛阳的王世充激战，李世民乘机进取关中。次年（618

年）五月，李渊称帝，改国号唐，定都长
安。李世民被封为秦王，长孙氏被册封
秦王妃。然而也就是在这时，长孙氏和
李世民遇到了他们有生以来最大的挑战。
这危机不是外来的，而是祸起萧墙，兄
弟相残。

在统一全国的斗争中，李世民智勇
双全，为帮助父亲建立唐朝而拼杀疆场，
立下了汗马功劳。然而李建成仅仅因为
是长子就被立为太子。李建成无论功劳、

才能、人品及在众臣中的威信都远在李世民之下，况且唐初的一班开国元勋、文臣武将，大多跟随李世民打天下，深深爱戴和拥护李世民，对太子李建成从内心里不服。所以李世民的存在对太子李建成登上皇帝宝座构成了威胁，李建成处心积虑地想把这个"眼中钉""肉中刺"除掉。另外，李世民的弟弟李元吉做梦都想成为大唐的皇帝。他觊觎皇帝宝座则要越过李世民、李建成两重障碍。在他眼里最大的障碍无疑是文武双全、

威重功高的李世民。一场争夺皇权的家族内部之战，在兄弟三人间明争暗斗地展开了。

武德四年，李世民率领唐军平定了王世充和窦建德以后，唐朝统一全国的战争基本结束，李世民的威望也迅速上升，被李渊封为"天策上将"，位在诸王之上，并兼司徒、陕东道大行台、尚书令，还诏令在秦王府中设置官属。李世民雄心壮志，在府中开置文学馆，延揽四方

文学之士，礼遇甚隆，这些人都成了李世民的谋臣策士。此外，李世民南征北讨，网罗了不少勇将猛士。拥有了如此众多的谋士与勇将，秦王李世民的周围自然形成了当时政坛上一个强有力的政治集团，直接威胁到太子李建成。李建成为了巩固自己的地位，确保未来皇位的顺利继承，就联合因同样有政治野心而对李世民不满的齐王李元吉，采取曲意联络唐高祖的妃嫔以为内助，加强自己的军力，

收买李世民的部下等策略来强化自己并削弱李世民的势力，甚至发展到在召李世民饮酒时在酒中下毒的地步。到了武德九年，建成、元吉和后宫妃嫔更是常常在高祖耳边说李世民的坏话，使高祖渐渐对李世民产生了猜疑，局势对李世民十分不利。而李世民则果断予以还击，丝毫不让。李世民和太子李建成的矛盾日渐白热化。

这时候长孙氏坚定地站在了李世民一边，她知道李世民抱负远大，决不会甘于人下，即有入主东宫之意，将来怕是再难为人臣。何况李建成、李元吉之辈欲置李世民于死地，无论长孙氏在其中如何调节也无济于事，这场内斗是如何也避免不了的了。于是她开始为李世民出主意，为他从后宫打探消息，安排内线。她一边悉心伺候李渊，缓解他们父子之间的矛盾，为李世民赢得时间；一边交好于后宫诸妃，培养自己在宫内的势力，以备后用。

　　李世民从小就是一个纨绔子弟，长大一点就开始了戎马生涯，他的性格中有着强烈的尚武精神和果敢刚强的秉性，是那种有大智慧却个性张扬、阳刚有余而韧性不足的人。无论是在驾驭手下大将方面，还是处理和高祖、后宫及太子等各个方面的关系时，都容易冲动而忽略细节。而唐高祖在兄弟争位的斗争中，基本上是站在李建成一边的，他倾向通过压制李世民来维护长子李建成继承皇位的传统宗法原则。这一切的

不利因素，使得长孙氏恭敬地对待高祖和他身边的妃嫔变得极为重要。她必须在宫廷中尽心尽力地去弥合日益扩大的裂痕，以自己的行动，为丈夫消解矛盾，收拢人心。她一直尽心竭力地用自己的孝顺博取唐高祖的欢心，改善李世民在李渊心里的形象。正是长孙氏"孝事高祖，恭顺妃嫔，尽力弥缝，以存内助"的缓和之法，为李世民争取了更多政治空间并推迟了最后摊牌的时间。

然而，秦王李世民和太子李建成、

　　齐王李元吉为了争夺帝位而发生的斗争，注定要以兄弟相残做结局。当时秦王府的兵士远远少于东宫和齐王府。李世民不得不孤注一掷，决定伏兵玄武门，袭杀李建成和李元吉。能否以最快速度在玄武门杀死李建成、李元吉并进入宫中控制唐高祖，将是这最后一搏成败的关键所在。

　　玄武门是长安城的北门，也是皇宫太极宫的北门。太极宫的南面是国家机关所在地皇城，大臣们上朝，走太极宫

与皇城之间的天成门，也就是太极宫的南门。皇子们则走北面的玄武门。李世民之所以选在这里动手，一是因为这里是李建成和李元吉上朝的必经之路，二是因为李世民早已收买了玄武门的主要将领常何、敬君弘、吕世衡等人。常何是勇冠三军的猛将，曾经跟随李世民出征洛阳，后来又跟随李建成讨伐刘黑闼。战争结束后，他留镇地方。武德七年被调进京城做玄武门守将。李建成的东宫和李元吉齐王府的势力合起来远胜李世民的秦王府，如果双方都有准备后再做决战，李世民必败无疑。精于谋略的李世民，出其不意地把玄武门作为最后开战的地点，就是想靠局部地区的绝对优势兵力，突然袭击李建成和李元吉，把

　　这两个首脑一举歼灭，让他们整体上的优势力量无从发挥，从而赢得胜利。

　　李建成原以为跟随他出征的常何是自己人，万万没有想到他早已站在了李世民那边。所以李建成占绝对优势的京城之内，还存在了这个他能力所不及的死角。

　　武德九年（626年）六月初三，唐高祖李渊召见李世民，李世民趁机向李渊告发李建成和李元吉淫乱后宫的消息，但实际目的是想引太子李建成和齐王李元吉出宫。李渊听到李世民所报之消息大感惊愕，决定次日让二人在李世民面前对质。

　　六月初四，秦王李世民亲自带一百

余人埋伏在玄武门内伏杀李建成、李元吉。李建成和李元吉策马一同入朝，待走到临湖殿，李元吉发觉事情有异，便和太子急忙拔马往回跑。

李世民果断地带领伏兵从后面追杀。李元吉情急之下慌乱地向李世民连射三箭，但无一射中。李世民搭弓射箭精准无比，只一箭就射杀了李建成。李元吉则死于尉迟敬德手下。东宫的部将

得到消息前来报仇，和秦王的部队在玄武门外激烈战斗，尉迟敬德将李建成和李元吉的头割下示众，李建成的兵马见大势已去，四散而走。之后，尉迟敬德又身披铠甲去"保护"唐高祖，实际是控制了李渊。

三天后，李世民被立为皇太子，李渊下诏曰："自今军国庶事，无大小悉委太子处决，然后闻奏。"两个月后，李渊退位，李世民登基，妻随夫贵，长孙氏也被立为皇后。

李世民能在这场政治斗争中取得胜利，长久生活在宫中的长孙氏起了极为关键的作用。武德后期，由于李建成和李元吉的挑拨，李世民和李渊父子的关系逐渐紧张起来，父子间的对话常常不欢而散。李世民刚硬的性格决定了他不会去刻意地讨好父亲，而这种事情自然就落到了长孙氏身上。她常常围在李渊身边，承欢膝下，宽慰李渊不要和自己

的丈夫生气。李渊非常喜欢这个聪明善良、善解人意的儿媳，对李世民的怒气也常常在不知不觉间散去了。

而太子在后宫则拉拢了得宠于李渊的尹德妃和张婕妤。她们对李渊的影响非常之大，这使得李渊在秦王和太子的斗争中渐渐地倾向于太子李建成。

长孙氏见李世民渐渐失势，心中十分焦急。只好退而求其次，交好于级别

稍微低一点的妃嫔，希望她们能站在秦王这边。然而令长孙氏没有想到的是，她这样做的效果反而更好，因为李世民和太子李建成的矛盾早已白热化，宫内宫外无人不晓。太子拉拢尹、张二妃是在明处，李渊自然会有所耳闻，所以平时她们对李渊说的话，李渊都会打个折扣。而长孙氏交好其他妃嫔是在暗处，当她们在李渊耳边吹风的时候，李渊不会太警觉，反而会觉得更客观。工于心计的李建成一次又一次地陷害李世民，李渊都没有给李世民治罪，除了李世民是他亲生儿子的原因以外，恐怕就得益于长孙氏暗中的努力了。

实际上玄武门之变前后，长孙氏是秦王府最为忙碌的人。因为秦王府的其他人早已经被太子和齐王所监视，他们的行动都没有隐蔽性。而长孙氏虽然是李世民的妻子，可是作为一个在深宫长大的柔弱女流，太子李建成反而没有关

注她。于是长孙氏利用自己暗中培育起
来的关系网，不断为李世民收集信息。

　　玄武门事变之前，李世民就是通过
长孙氏的帮助，得知六月初四一早李渊
要在海池泛舟消息，前去觐见的太子和
齐王必定会经过玄武门，李世民这才得
以妥善地安排伏杀他们的地点和时间。
长孙氏还秘密调查了从玄武门到海池的
线路，确定了只有临湖殿周围最适合预
先埋伏。而且她还摸清了李渊身边有多

少侍卫等情报。无疑，这些情报是李世民能以少胜多的关键所在。

然而更加令人敬佩的是，长孙氏在玄武门政变之时，一直陪在李世民的身边。用自己的关怀热情鼓舞士气，用自己坚贞不渝的爱情来坚定李世民对胜利的执著。一袭长裙，伴着血色的曙光，为玄武门的兵气森森徒添一抹娇柔之气，书写出一代明后巾帼不让须眉的另一面。

最终，李世民和他的妻子长孙氏，赢得了整个天下。

玄武门事变之后，李世民被一种沉重的道德负罪感所笼罩。弑兄杀弟，逼父退位，无论李世民多么不愿意，这样

的罪名都会被加诸于身。政变当天，李世民曾趴在高祖李渊胸前痛哭良久，政变的阴影，兄弟的亡魂始终困扰着他，令他不安、紧张、疲惫。这时候长孙皇后作为李世民身边最为亲近的人，是让李世民振作起来的关键。

长孙皇后秀外慧中，性格外柔内刚，在李世民消沉的那段日子里，她不断地安慰李世民说："太子之位，本就应该有德者居之。虽然殿下不是长子，但是殿下是治理国家的贤才，是能让人民幸福生活的君主。眼下发生的事情，实在是

殿下迫于形势而做出的无奈选择。殿下既然走过来了，就应该继续往前走，万事不能回头。只要殿下能治理好国家，历史自然会给您一个公正的说法。"

其实长孙皇后明白，无论怎样解释、推诿，都改变不了李世民弑兄杀弟的事实。只有让李世民坚信自己是治理国家的明主，是能给大唐带来兴旺的明君，才能让他忘记那段痛苦的回忆。在长孙皇后不懈的努力下，李世民慢慢化解了心里的死结，把所有的心思都花在如何治理国家上。长孙皇后用自己的温柔，掩盖了那段不堪回首的往事，开启了一代盛世"贞观之治"的大门。

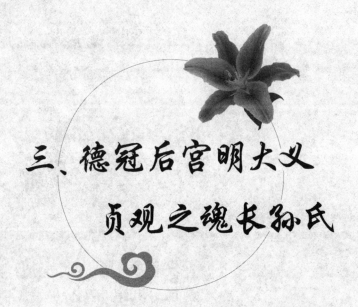

三、德冠后宫明大义

贞观之魂长孙氏

　　武德九年（626年），玄武门之变两个月后，李渊借年事已高而禅位给太子李世民，李世民称帝。十三天后长孙王妃也随即立为母仪天下的长孙皇后，这应验了卜卦人说她"坤厚载物，德合无疆"的预言。

　　当了至高无上的皇后，长孙氏并没有骄矜自傲，她一如既往地保持着贤良恭俭的美德。她首先做的就是细心照顾太上皇李渊，她十分清楚玄武门之变给

这位太上皇带来了多大的打击，他最看重的三个儿子互相残杀，这种事情无论是哪个父亲也接受不了的。长孙皇后恭敬而细致地侍奉李渊，每日早晚必去请安，陪老皇上说些话，逗老皇上开心。而且她时时提醒太上皇身旁的宫女要细心调节他的起居生活，比普通人家的儿媳更周全、更孝顺。对于后宫的一众妃嫔，长孙皇后也非常和蔼，如果有哪个妃子宫人生了病，她会立即派人送药过去，有时候还会亲自前去看望抚慰，这些举止，史书称为"下怀其仁"，即下面的人都感怀她的仁德。原本冰冷的后宫呈现出一派祥和温馨的景象。

　　长孙氏之所以如此快地进入了皇后这个新角色，可能同她与李世民共历玄武门之变有关。她对于厮守多年的丈夫身份的改变，有着最直观的感受，她比李世民身边任何一个女人都更早更快地意识到，他已经不仅仅是一个丈夫，而是一位皇帝，天下人的皇帝。虽然李世民作为一个丈夫，对长孙皇后的爱是极其浓烈的，但是饱读史书的她仍然不忘时时警醒自己，要以历朝皇后及外戚宠极而衰的悲惨事实做教训。年仅 26 岁的长孙氏知道，自己不仅仅是一个妻子，

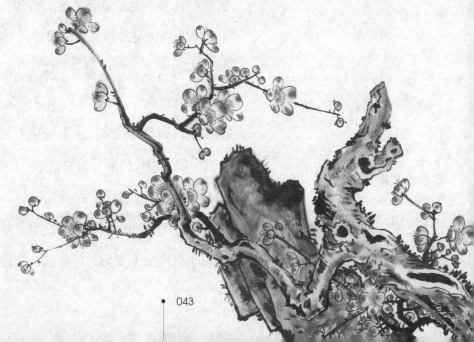

而且是皇后，是太子的生母，是天下女人德行的榜样。

也许长孙皇后身份的改变让她的人生理想也发生了重大的改变，她不再在乎男女之间卿卿我我的小爱，她渴望尽全力帮助李世民治理天下，渴望长孙家能够善始善终，渴望在丹青史书上留下千古美名。因此富有远见的长孙皇后做的第一件事，也是最著名的一件事，就是劝其兄长无忌辞却高官厚禄。

历朝历代的皇后妃子，哪一个不是在登上后宫高位之后，便百般讨好皇帝，把娘家亲属举荐给皇上，恳请皇上封个一官半职，而长孙皇后做的这第一件事，却着实让太宗李世民吃了一惊。

长孙无忌和李世民自幼交好，从李渊和李世民父子晋阳起兵叛隋，到建立

唐朝，再到统一天下，长孙无忌一直紧
紧追随李世民东征西讨，也立下了不少
功劳，是唐太宗李世民推心置腹的忠臣
良佐。在玄武门之变和高祖"禅位"这
两件事上，长孙无忌称得上是首功之臣。
在政变之前，太子和齐王咄咄逼人，长
孙无忌态度坚决，竭诚劝谏李世民反抗；
在准备政变时，他日夜奔波，内外联络；
在政变之时，他不惧危难，亲至玄武门内。
所以唐太宗至死不忘长孙无忌的帮助，

临死前仍对大臣们说："我有天下，多是此人之力。你们若是不能好好保护他，就是对我不忠。"因此，李世民刚一入主东宫，便封无忌太子左庶子；一即帝位，长孙无忌便升为左武侯大将军，后任吏部尚书，晋封齐国公，实封一千三百户。

太宗李世民想封长孙无忌为右仆射即宰相之职，他将这个打算告诉了长孙皇后，本以为皇后会为自己的哥哥高兴。没想到长孙皇后闻讯后立即推辞说："妾位居后宫之首，全家已经是尊贵至极，实在不愿意让兄弟子侄再位居显要。历史上弄权误国的例子太多了。汉高祖死后吕产、吕禄专权；汉昭帝时，上官桀、上官安专权；汉宣帝时，霍山、霍禹专权，他们最后都因为谋反篡位而被杀，不仅累及子孙，而且祸国殃民，实可为后人的切骨之诫。希望皇上明鉴。"听完这番话，太宗皇帝虽然不以为然，但却对自己的结发妻子长孙氏越发的敬重，熟悉历史的李世民当然知道长孙皇后的这番见识有多么深刻。但是唐太宗太了解太信任长孙无忌了，重用长孙无忌，并不是因为他是自己妻子的兄弟。所以太宗摇摇头，恳切地说："皇后的心我是明白的。不过，我重用长孙无忌是出于公心，并非由于他是皇亲国戚的缘故而是为社稷着想。我选择官吏，完全是看一个人的才能。没有才能的人，再近的亲戚我也不会任用；有才华的人，哪怕是仇人，只要能改过，我也会重用。长孙无忌当得起宰相，请皇后不必过虑。"

随后唐太宗果然任命长孙无忌为左武侯、吏部尚书、右仆射，实为唐朝第一权臣。长孙皇后知道李世民性格刚硬，再次苦劝也无意义，于是只好把长孙无忌叫到宫里来，直言相劝，细述原委。长孙无忌也是谨慎之人，同意了妹妹的意见，决定向唐太宗辞去宰相之职，太宗当时并未同意。

可是事情的发展却正如长孙皇后所料。长孙无忌任右仆射没有多久，就有人向太宗上书，说这位国舅爷权势太盛，恐对皇权不利。当然，贤明的李世民并未将这件事放在心上，反而将这封奏章拿给无忌过目，并公示群臣，表示自己绝对信任长孙无忌。

但这件事情却足以惊出长孙无忌一身冷汗，也引起了长孙皇后更深的忧虑。

于是，长孙兄妹轮番苦求李世民，希望能辞去宰相一职。李世民无奈，不得不在一年后改授长孙无忌为"开府仪同三司"，这是一个位高而没有实权的官职，但是长孙皇后却仍然对外戚位列三公而心中忐忑，恳请舅舅高士廉再次向太宗请辞。

　　唐太宗知道后，为了排解妻子的忧虑，只好发了一道诏书给长孙无忌："黄帝得力牧，为五帝先；夏禹得咎繇，为三王祖；齐桓得管仲，为五伯长；朕得公，遂定天下。公其无让！"此后，长孙皇后和其兄才停止进谏。

　　长孙皇后曾在她的《女则》中写道："历观前古，邦家丧败之由，多基于子弟召祸，子弟之乱，必始于宫闱不正。"她十分明白，外戚专权往往会导致政权变易或者外戚灭亡。长孙皇后坚持让长孙无忌辞官的用意也在于此，她要以西汉外戚吕氏和霍光灭族的历史教训做戒，尽量不让外戚参与朝政，竭力保全长孙家族。她在临终之际还请求太宗不要让长孙家族执掌权要，对太宗说："妾身家的宗族，因为我嫁给了皇上而富贵起来，他们能做官并不是靠品德才行，所以很容易惹祸及身。请皇上为了我家族长远考虑，切勿让后人担当重职要务，就让他们以外戚的身份做官就好，这就是对他们的恩惠了。千万不要让他们担任要职。"

而长孙皇后的第二个用意就是希望唐太宗能借鉴历史，接受刘邦死后诸吕专权和汉武帝死后霍光专政的教训，防止外戚专权而危及李唐子孙的天下。她曾著书批驳汉明德马后道："不能抑退外亲，使当朝贵盛，徒戒其车如流水马如龙，是开其祸败之源而防其末流也！"她作为李家的媳妇，最希望看到的还是李唐的天下能长盛不衰。

皇后的地位和权力仅在天子之下，

对于一个国家起着举足轻重的作用，若再进一步影响和控制皇帝，其权力之大可想而知。历史上有许多后妃弄权误国，影响朝政，甚至断送江山的例子。长孙皇后每次读书遇到这种情况，都会扼腕叹息，为那些不明大义、弄权误国的女子悲哀。这些女人爱权势，最后的结果均是不得善终，不仅族人受尽牵连，而且往往连带着天下百姓遭殃。所以长孙皇后对外戚专权深恶痛绝。可是没过多久，长孙家的人就参与到了谋反的事情中，这个人不是别人，就是在长孙皇后年幼时曾迫害她和哥哥的长孙安业。

虽然长孙安业对待年幼的长孙氏不好，可当长孙氏成为皇后之后，并未报复过他。而且唐太宗还念在他是长孙皇后同父异母的兄弟，让长孙安业一直稳稳地当到了监门将军。

只可惜他以小人之心度君子之腹，不敢完全相信妹妹的善意，还怕长孙皇

后有一天会报复他，以致于参与到了刘德裕谋逆案之中。事发之后，唐太宗决定将长孙安业斩首示众。

　　长孙皇后得知这件事后，心神不定，虽然她记恨过长孙安业，可他毕竟是自己同父的哥哥。最后长孙皇后还是决定要救他。

　　于是长孙皇后找到太宗皇帝大声痛哭起来："我们长孙家真是太不幸，怎么会出现这样大逆不道的事情。陛下对安业素有重恩，他没有立什么功劳，却当

上了监门将军。他不图报答，反而谋逆，真是死有余辜啊！"

"你是什么意思啊？"太宗皇帝一听这话头，就知道皇后想为长孙安业求情，可是太宗知道，长孙安业素来和皇后有隙，皇后怎么反过来替他求情呢？

长孙皇后继续道："安业谋逆，万死无赦。然而他当年对我不好的事情早已天下皆知，如今处他死刑，外人一定会认为是我趁机报复哥哥，这对皇上您的名声也是莫大的拖累。"

长孙皇后如此的求情之法，让太宗皇帝忍俊不禁。明明是想要替兄求情，偏偏把大道理说到自己头上，还叫太宗反对不得。所以太宗皇帝虽然记恨长孙安业早年对待皇后之恶行，怒其谋逆之死罪，但还是看在长孙皇后的面子上，饶了他的性命。

这是长孙皇后唯一一次求自己丈夫做的人情，而她所求情的人，竟然是早年赶她出家门的哥哥。长孙皇后之所以想保护长孙安业的性命，应该也是血浓于水吧。长孙皇后的善良又一次感动了太宗。

长孙皇后从小就好读书，能恪守儒家传统的道德规范，史书记载说她"少好读书，造次必循礼则"。谨守儒家礼仪的长孙氏认为国家大事，应由皇帝和身边的大臣们商量决定，所以对于朝廷上的事情，她从不过问，更不用说干预了。但是唐太宗作为长孙氏的丈夫知道自己的妻子好读书，才学渊博，每次太宗与她对谈古今时，都让太宗获益良多，所以有时候就难免想与她谈论政事，而长孙皇后却从不在这种时候发表自己的看法。太宗问得多了，长孙皇后就推辞说："牝鸡之晨，惟家之索，妾以妇人，岂敢豫闻政事。"

然而，有些时候，她则会毫不犹豫地站出来，明确表示自己的意见和看法，

并促使太宗接受其意见。她真正对太宗
的"进谏",几乎都只在他做错事要惹祸
的时候才进行的,都是为了李唐的江山
社稷、为了帮助朝中直臣,她才会挺身
而出,说别人想说而不敢说的话。如果
说唐太宗以善于纳谏,魏征以敢于直谏
而著称于世的话,那么,长孙皇后可以
说是一个以柔克刚进谏的典型。正因为

她有较好的文化修养、独特的人格魅力，所以她才能够用润物细无声的方式改变唐太宗的一些错误的想法和行为。在这方面，敢于直言进谏的魏征也自叹不如。

贞观六年 (632 年)，文武百官一再请求唐太宗到泰山祭祀天地，古代封禅泰山需具备两个条件：一是天下太平，国家兴盛；二是天降"祥瑞"。国家兴盛说明帝王功高德显，天降"祥瑞"说明上天对帝王的表彰，这时帝王要用一种方式回告上天，就是封禅大典。然而只有魏征坚决反对这件事，他认为去泰山祭祀天地是一件劳民伤财的事情，对国家百姓没有太大的帮助。恰巧这一年黄河中下游两岸发生水灾，此事只得作罢。可是要面子的唐太宗心里十分不痛快。有一天，魏征又一次顶撞太宗，唐太宗退朝回宫，脸色铁青，一见长孙皇后就愤愤地说："有朝一日，我一定要把这个种田佬杀掉！"

长孙皇后十分惊愕地问："种田佬是谁呀？"

李世民怒道："就是那个魏征！每次上朝，他总是在金銮大殿上当着众臣的面顶撞我，让我下不了台。他既不是元老旧臣，也没有赫赫战功，只是我从罪人中提拔出来的家伙，居然敢这样对待我！是可忍，孰不可忍！"

长孙皇后听了，心里十分担心，怕是魏征已种下祸根。但是皇后知道当面替魏征求情不会有什么好的效果，于是长孙皇后思考了一番后，默默退回内室，换上一身参加隆重庆典或祭祀时才穿的皇后宫服，出来径直跪在地上，向唐太宗稽首诵贺。

唐太宗自然大吃一惊，忙问："皇后这是为何？"

长孙皇后郑重答道："古人说，只有君主圣明，大臣才能直言。现在魏征说话如此率直，不正是由于陛下圣明吗？

君明臣直，这是国家和百姓的大喜，我
怎能不向陛下道喜呢！"

　　唐太宗本就是英武之辈，听了皇后
这番话后，立刻醒悟，感慨地说："多亏
皇后及时指点，给我敲响了警钟，否则
险些误了大事。"事后太宗皇帝不仅不记
恨敢于当众顶撞他的魏征，而且深深地
敬佩自己深明大义的妻子。

　　第二件关于长孙皇后劝谏太宗的事
情也与魏征有关。皇帝嫁女儿本来就是
喜事，任谁也不会去碰霉头，偏偏又是
魏征惹太宗不高兴。

　　长乐公主，是长孙皇后所生，聪明
伶俐，才貌出众，备受皇后和太宗宠
爱。贞观六年，长乐公主到了出嫁的年
龄，太宗决定把长乐公主下嫁给长孙无

忌之子长孙冲。由于这双层关系，在准备嫁妆的时候，太宗命令长乐公主的嫁妆要超过永嘉公主的一倍。永嘉公主是高祖李渊的女儿，也就是李世民的妹妹。其出嫁时正逢唐初百业待兴之际，因而嫁妆比较简朴；长乐公主出嫁时已值贞观盛世，国力强盛，唐太宗要求增添些嫁妆本不过分。但魏征听说此事后，仍认为不妥，立刻进宫劝谏太宗说："从前汉明帝要分封他的儿子，明帝说：'我的儿子决不能高于先帝的儿子，所以分封的领地只能是先帝的一半。'现在陛下您的女儿要出嫁，论感情，您和公主是父女关系，更亲密。可是论道理，论地位，

永嘉公主是高祖之女，长乐公主是不能与永嘉公主相比的。而现在您要使长乐公主的嫁妆超过永嘉公主一倍，恐怕不合伦理啊！"

唐太宗虽然觉得魏征的话很有道理，但是心里也不舒坦，而且此事因牵扯到长孙皇后，所以没有当魏征的面表明态度。回宫后，唐太宗把这件事告诉了长孙皇后，本以为会招致皇后的埋怨，可是长孙皇后听了不但不怨恨，反而非常钦佩魏征的正直无私和为大唐社稷着想的可贵品质，感慨地说："妾虽和陛下为结发夫妻，蒙受很多恩惠宠爱，可每次跟陛下谈话，总要先察言观色，不敢轻率冒犯陛下的威严。可是魏征能够引用古今道理来说服皇上控制私人感情，把事情办理得公正、令人信服，这说明他真是一心为国的大臣啊！何况魏征与陛下只是君臣关系，却敢于犯颜直谏，据理力争，以抑制君主的私情，真是十分

难得啊！忠言逆耳利于行，陛下如能多听一些魏征的意见，国家就会安宁了。"太宗听完长孙皇后的一番话，深感皇后说得有道理！也更加深信魏征是为国为民的肱骨良臣。

随后，长孙皇后又派人带着四百串铜钱和四百匹绢去魏征府上表示感谢，并传话说："很早就听说魏公为人刚正不阿，今天从您劝说皇帝减少公主嫁妆这件事上，更加清楚了您的品德，希望魏公您永远保持这种为国为民的高尚情操，直言进谏的品德不要改变。"魏征听后，深感长孙皇后贤明，也坚定了他做一个敢于直言进谏的臣子的决心。

在这两件事情后，太宗皇帝对魏征更加信任和器重。贞观初期，魏征曾数犯龙颜，前后所谏二百余事，皆为太宗采纳。正如太宗所讲："贞观以后，尽心于我，献纳忠谠，安国利人，成我今日功业，为天下所称者，唯魏征而已。"可以说如果没有长孙皇后保护谏臣、倡导直谏，这种局面怕是不会出现的。

　　贞观之治，长孙皇后"润物细无声"之功，和朝堂上的房谋杜断、魏征直谏、李靖的战无不克，具有等量齐观的历史意义。李世民以他的天纵之资，凝聚着一班文臣武将为大唐帝国的盛世天下而奋斗不已。长孙皇后把国家置于自己温暖的包容之下，成为整个贞观之治背后最闪光的女人。

四、勤俭持家为社稷

母仪天下理后宫

　　贞观六年和贞观十年，唐太宗先后下令取消泰山封禅和在洛阳西苑建造飞山宫的决定，史书溢美太宗说："贞观二十年间，凡俗简朴，衣无锦织，财帛富饶，无饥寒之弊。"由此可以看出贞观年间的社会风尚比较朴素，这与长孙皇后的积极努力密切相关。

　　长孙皇后身为后宫之首，积极配合太宗勤俭治国的方针。她率先提倡节俭，不讲排场，摒弃华丽的服饰，而且要求自己的儿女们和后宫诸妃，也要在生活上力求俭朴。贞观元年，长孙皇后亲自带领宫廷内外自贵妃到女官，内外命妇去栽桑树养蚕，让她们亲身体会男耕女织的艰辛。长孙皇后深知，战乱刚刚结束，国家困难重重，百姓刚刚回归故乡，安居乐业的情况还没有形成，况建国伊始，百业待兴，万万不能在后宫之中养成骄奢淫逸的风气。长孙皇后率先垂范，教育子女也是如此。

皇太子李承乾的乳娘遂安夫人常常抱怨太子宫中的用具太少不够用，不够排场，一次她对皇后说："太子贵为未来君王，理应受天下之供养，然而现在用度捉襟见肘，一应器物都很寒酸。希望皇后能奏报皇上再增添一些。"

长孙皇后听了十分生气，训斥她道：

"身为太子，怕就怕在将来即位之时品德不高，勤政爱民、礼贤下士的美名没有建立起来，哪能想着宫中缺什么器具使用，讲什么排场呢！你身为乳娘应该多引导他向先贤学习，而不是帮他要东西。"遂安夫人听后十分惭愧，以后再也没有发生类似的事情。

　　然而对于庶出的皇子公主，这位嫡母却照料备至，在太宗众多的儿女中，有一个封号为豫章公主的小女儿，很小的时候亲生母亲便去世了。长孙皇后收养了这个小公主，对小公主的慈爱，甚至超过了自己的亲生儿女。宫里的妃嫔无不为长孙皇后的气度人品所折服。长孙皇后精心养育豫章小公主，使她成了唐太宗非常喜欢的公主之一。长孙皇后还亲自为豫章公主选择了功臣唐俭的儿子唐善识做驸马，为她找了一个好婆家。可惜豫章公主早逝，令唐太宗十分悲痛，一个多月都穿着服丧时的素服，直到魏

征劝他要以国事为重，太宗才换上平时穿的衣服。太宗之所以这么悲伤，除了是对自己喜爱的女儿去世的悲痛，怕是也想起了六年前去世的长孙皇后，因为长孙皇后给予了豫章公主太多的母爱。

长孙皇后关心的不仅是李家的儿女，对宫中其他的妃嫔，长孙皇后也十分关怀。当她们患病的时候，只要长孙皇后知道了，都会带着最好的药品和食物亲自去看望，给予安慰，使她们尽快痊愈。有时候太宗由于朝廷的事情过于烦心，常会按捺不住发脾气责罚宫里的侍役，每当此时，长孙皇后会附和太宗，命令把惹太宗生气的人抓起来。之后，她再亲自问明情况，遇到太宗冤枉好人的时候，她总是会替太宗道歉，安抚侍者。然后等皇帝气消了之后再慢慢把事情的经过告诉太宗。这样既帮太宗出气泄愤，排解了压力，又没有冤屈发生，实在是长孙皇后处事的高明之处。整个后宫在她的庇护下，从来没有谁受过冤枉的刑罚。后宫的妃嫔、皇子、公主以至于宫女太监们都对她满怀爱戴之情。

有一次，太宗李世民非常喜欢的一匹骏马无缘无故死了。唐太宗异常愤怒，要杀那个养马的宫人。长孙皇后听闻后把一段历史娓娓道来："从前，齐景公因为马死而杀人，晏子当着齐景公的面列出养马人的罪状，说：'你把马养死了，这是第一条罪状；你养死了马而使国君杀人，老百姓知道后，一定恨国君，这是你的第二条罪状；其他诸侯知道后，一定看不起我国，这是你的第三条罪状。'齐景公听后便免了养马人的罪。陛下您

曾经读到过这个故事的，难道忘了吗？"
唐太宗听了皇后这番话后，怒气就消了，
饶恕了那个养马的宫人。事后，太宗还
对大臣房玄龄说："皇后用平常的故事来
启发影响我，对我的确是大有裨益啊！"

长孙皇后委婉进谏的作风，不仅让
太宗和众多大臣受益良多，同时，也给
她的子女及其后代做了一个良好的榜样。
有一次，太宗盛怒之下欲斩苑西监穆裕，
太子李治犯颜进谏说："人的生命是万
物中最有灵气的，但是只要死了，就不
可能再活过来。父皇盛怒之下把他杀了，
恐怕未必有足够的道理，还是请父皇把
他送交给长司衙门来处理吧。"

太宗虽然十分生气，可是依然听从
了太子的建议，撤消了斩杀穆裕的命令。
事后，长孙无忌感慨地说："自古太子进
谏的时候，大多数人是趁着间歇的时候
从容而言。而今天，陛下发天威之怒，
太子依然敢犯颜之谏，真是古今未有之

事。"而太宗则不以为意地回答说："那是因为太子和皇后一起生活的时间长了，自然而然养成的习惯。"如此看来，长孙皇后真的是曾多次规谏，拾遗补阙，使唐太宗不致因为一时冲动而犯下不可挽回的错误。

正是因为长孙皇后赏罚分明、德冠后宫，才令后宫人人信服。后宫中没有人整日提心吊胆，也少了很多宫中惯有的尔虞我诈，整个后宫在长孙皇后的治理下呈现出和谐的氛围，这让太宗皇帝有了一个安定而幸福的家。古人云："家道正而天下定。"长孙皇后为太宗解决了一半的事情，才能让太宗把更多的心思都投入到管理国家的大事中去。

五、为夫逃妃胸怀广

毒药随身死相随

　　长孙皇后的贤惠与过人之处，还体现在她有容人之量。亲自为李世民选纳妃嫔，展现出自己母仪天下的胸襟和德行。说起此事，还有一个奇闻轶事。

　　按照唐朝的后宫制度，在皇后之下，贵妃、德妃、淑妃、贤妃被称为"四夫人"，在后宫内官的品级中属正一品；昭仪、昭容、昭媛、修仪、修容、修媛、充仪、充容、充媛各一人，被称为"九嫔"，正二品；婕妤、美人、才人各九人，被称为

"二十七世妇"，正三品；另外还有宝林、御女、采女各二十七人被称作"八十一御妻"。也就是说，皇上除了皇后之外，还另有一百二十一位妾侍。

另外，宫中还仿照外朝的尚书六部二十四司，这是管理宫中衣食住行的系统，各设女官，有品级的就有六局十人，五品；司二十八人，六品；典二十八人，七品；掌二十八人，九品。这些是有官职的，此外还有做事的宫女，根据各局忙闲人数不定，总数常常可以达数千乃至上万。唐初，为了收拢民心，高祖李渊和太宗李世民都曾从宫中放还数千宫女。

太宗李世民没有沉溺后宫之名，曾经两次释放宫女大约五千名左右。他还先后退回新罗和高丽进献的美女。这直接导致了后宫编制的不足，身为皇后的长孙氏认为不妥，四处打听，欲意寻觅贤良女子补充后宫。

后来听说郑仁基的女儿年方二八，容貌倾国，德才兼备，于是长孙皇后就主动为唐太宗去聘娶。在长孙皇后的积极努力下，与郑家定下婚事。诏书已经发出，皇宫也已经布置妥当，皇帝要结婚，当然一派喜气洋洋，只是奉皇帝命令到郑家正式宣布的使节还没有去郑家。正在这个时候，魏征听到一种传闻，说郑氏女已经许配给陆爽，于是赶快向皇帝报告。魏征说："陛下为天下人的父母，抚爱百姓，应当忧其所忧，乐其所乐。自古有道的君主，没有不以百姓之心为心的，这是作为皇帝的常道。今天郑氏

之女，早已经许配他人，陛下毫不怀疑，不问清楚就娶过来，这要传播到百姓中去，还怎样做一个百姓的君主？我虽然只是听说这件事，然而怕这件事有损您的品德，不敢隐瞒。望陛下能留心查看这件事。"太宗和皇后闻听此事，大吃一惊，立刻下令停止操办婚礼，策使也不派发了，命令郑氏依旧嫁给原来所许配的人。

但是太宗皇帝结婚，实为天下的大事，怎能说停就停。于是众位大臣纷纷出面表示反对。左仆射房玄龄、中书令温彦博、御史大夫韦挺等都认为："郑氏女嫁给陆爽，证据并不明显，皇帝的结婚大礼已经进行，不可中止。"

同时，当事人陆爽也上表说："父亲在世的时候，确实与郑家有往来，也有赠送资财的事情，但没有涉及婚姻的事，外人不知，妄有此说。"

有了当事人陆爽的强证，大臣们于

是纷纷劝谏太宗继续筹备结婚大典。这时太宗非常疑惑地问魏征："众大臣或许是顺从朕先前的旨意，那陆氏为什么要这么说呢？"

魏征说："他上表的意图我还是能猜出来的，他是把陛下等同于太上皇了。"

太宗皇帝十分奇怪地问："此话怎讲？"

魏征说："太上皇初平京城的时候，看上了太子舍人辛处俭的妻子。于是太上皇便一纸遂令将辛处俭赶出东宫去万

年县做官。辛处俭整日战战兢兢，常恐
自己的脑袋搬家。陆爽以为陛下现在虽
然宽容地对待这件事，恐怕日后暗地里
把他贬官，所以他自己才反复陈说与郑
氏没有婚约，意在于此，不足为怪。"

唐太宗细一思量，摇摇头笑道："外
人意见，应该是这样想的。朕之所言，
未能使人必信。"于是又下了一道诏书说：
"今闻郑氏之女，先已受人礼聘，前出文
书之日，事不详审，此乃朕之不是，亦
为有司之过。授充华者宜停。"后来人们
听说了这件事情，纷纷感叹唐太宗实在

是不可多得的明君。

虽然此事未成，后来长孙皇后还是亲自为太宗李世民选了优秀的才女入宫相伴。作为一个女人，长孙氏是如此的爱自己的丈夫，但是她的爱不是贪婪的，不是独断的，而是无私的，她可以为丈夫选妃，也可以为丈夫牺牲自己的生命。

贞观初年，正当盛年的唐太宗忽然身患重病，断断续续病了长达一年之久。长孙氏虽然贵为皇后，但仍然昼夜不离地侍奉着自己的丈夫。在细致入微地照顾丈夫的同时，她的腰带间一直都带着一瓶毒药。当李世民偶然发现毒药的时候，长孙皇后深情地看着太宗说："若是你有什么不测，我是不会单独活在这个世上的。"长孙皇后的毒药，映照着她的心境，印证了她对李世民的爱，这种爱是真正的生死相随，真正的至死不渝。无法想象太宗皇帝是怎样的感动，总之，在长孙皇后悉心的照料之下，太宗的病渐渐好了起来，而她自己的身体却变得越来越差。

长孙皇后所患的病，是多年旧疾"气疾"，即现在所讲的哮喘或者肺病。用中医的观点讲，肺主气主悲，气不畅则郁闷焦虑夜不能寐。长孙皇后的气疾最受不得惊吓，焦虑。可是皇家怎能无事？

长孙皇后本来就是心思缜密、多愁善感之人，她自幼丧父、寄人篱下，又嫁给了家事即国事的李世民。李世民常年征战在外，柔弱的长孙氏经历了无数个无眠不安的夜晚。天下统一后，无情

　　的政治风云，让长孙氏承受了无比巨大的压力，多年压抑的情绪，将她的旧病越积越深，终成隐患。

　　贞观八年，长孙皇后跟从太宗巡幸九成宫。时值深夜柴绍等人有急事禀报，太宗知事态紧急，于是全身披甲出宫阁询问事由。当时长孙皇后正抱病卧床，听闻后立刻要起身相随，身边的侍臣劝阻皇后保重身体。长孙皇后说："皇上已然震惊，我内心又怎能安定下来。"随后，不顾劝阻坚决地跟了出来，没想到，又惹风寒，此后长孙皇后的病情开始加重。

贞观九年，病情稍有好转，不料太上皇
李渊不幸逝世，她不顾劳累，操持葬仪，
凡事亲为，却不想旧疾又犯。贞观十年，
诸子封王，她又开始为各个李家孩子操
持行装……诸事种种，让长孙皇后的病
情一次重过一次，终于因过度操劳而回
天乏术。

六、看透生死忧身后

　　俭葬昭陵谥"文德"

长孙皇后不仅是一位非常贤德的女人，还是一位非常通达、极富智慧的女人。她懂得自然和天命，对于生命并不贪婪和强求，这说起来似乎容易，但是人皆有贪生恶死的本能，能做到长孙皇后这般的人，怕是寥寥无几。

长孙皇后气疾日重，久治不愈，以致卧床不起。在医药上费尽了心思，可皇后的病情丝毫不见好转，太子李承乾沉不住气了，一天他对皇后说："母后，医药用了这么多也不见病情稍转。不如让儿臣奏明父皇，请求父皇大赦天下，多度人入佛入道，来为母亲祈福。"

这种度人皈依佛教和道教，以此来获得神灵的保佑，使病人痊愈的事情，在当时的社会，有很多皇族都曾经做过，并不是什么离谱的事情。但是长孙皇后却不同意，她忍着病痛，缓缓说道："生和死，不是人力所能改变的。如果说做善事就会有福，可是我向来也不做恶事。

大赦天下是国家的大事，赦令不可轻下。况且这是皇上平素所不为之事，怎么能为了我一个妇人而乱了国家大法呢！千万不要去向你的父皇请示！"

长孙皇后的话，于情于理，都让太子无言以对。世间能有几人可以在临终之时问心无愧地说："我向来也不为恶。"可是太子眼见慈母病重日甚一日，自己却无能为力，心中难过。于是私下里把自己的想法和长孙皇后的话原原本本地告

诉了房玄龄。房玄龄听后对长孙皇后愈加敬重，也希望能为长孙皇后留住一点机会，于是他又把此事奏报给了唐太宗。

唐太宗和大臣们听后莫不感动，大臣们一致请求太宗大赦天下以修福祛灾。可是长孙皇后知道这件事情后，坚决反对，对来探望的太宗说："大赦天下与劝人入佛入道都是无济于事的，反而会让别人认为皇上为了我什么规矩都可以破坏，这有损皇上的盛名，也不利于以后

国事的实施。如果皇上真要这么做的话，我还不如尽快死去为好！"唐太宗不愿失去这位生死与共的贤妻，可是他也十分尊重妻子的意见，最后没有那样做。

从贞观十年(636年)开始，长孙皇后的身体每况愈下。长孙皇后自知时日不多，但她还有很多事情放心不下，那些直言进谏的大臣还需要她的保护，她的孩子们还需要照顾，她的族人还要居安思危，她没能陪自己最爱的丈夫共同走

到生命的尽头。

于是，趁着有一天精神还好，她派人把太宗请到自己的床边，向唐太宗嘱咐道："房玄龄侍奉陛下最久，办事向来小心谨慎，能以国家为重。陛下的大小奇谋秘计他都参与过，却从来没有向任何人泄露，实在是忠心耿耿的良臣。像这样劳苦功高的人，陛下应该重用才是，不要因为一点小事就亏待他。"

太宗默默地点了点头。妻子在弥留

之际，首先想起的不是亲人孩子，不是儿女情长，而是一个因为犯了小错，被太宗罢官归家的肱骨良臣。此种情怀，怎能不让太宗感动。

随后，皇后喘息一阵又慢慢说道："妾身家的宗族，因为我嫁给了皇上而富贵起来，他们能做官并没有什么特殊的功劳和德行，现在却处于高位，这是很危险的事情。请皇上为了长孙家长远考虑，切勿让他们担当重职要务，就让他们以外戚的身份拿俸行事就好。这就是对他们的恩惠了。"

接着皇后又说道:"至于我自己,活着无益于人,死了就更不能让人受连累。千万不要大修陵墓,只须因山而葬,不起坟,不用厚重棺椁,以木器陶器陪葬即可,再举行简单的葬礼就好。万不可铺张浪费。薄葬送终,就是陛下没有忘了我。"

太宗握着长孙皇后苍白的手,含泪点头。

长孙皇后见太宗答应了,脸上微露满意的笑容,然后继续说道:"希望陛下能够一直亲君子,远小人,广纳忠言。重用魏征、房玄龄那样的忠臣,清除那些谄媚奸佞之徒。尽量少发徭役,不要轻易动兵。我知道陛下是勤政爱民的好皇帝，可是我不能继续陪您走下去了，我只愿大唐在陛下的治理下能年年五谷丰登，岁岁国泰民安，我死也就瞑目了。不要让孩子来看我了，他们来了徒增悲痛，也无补于事。"太宗听完这些话，忍不住泪流满面，痛哭失声。紧紧地握着长孙皇后的手，答应了她的请求。贞观十年（636年）六月二十一日，长孙皇后病

逝于立政殿，享年 36 岁。五个月后，唐太宗将深爱的妻子下葬于昭陵，谥"文德皇后"。从此这对贤明的皇帝、皇后阴阳两隔。

"坤厚载物，德合无疆。"当年卦中短短八个字，包含了重大的责任。长孙皇后需要怎样的睿智、情操和奉献精神，才能将这八个字谱写得尽善尽美。然而长孙皇后用自己短短的三十六年人生，近乎完美地为这八个字做了诠释。

长孙皇后去世之后，太宗遵其遗愿，把赋闲在家的房玄龄召回朝堂，复其宰相之职。朝廷上下知道事情原委的人无不赞扬长孙皇后的美德。随后，唐太宗又依照长孙皇后遗言，从俭修建了依山而建的昭陵。同年十一月，长孙皇后葬于昭陵，太宗李世民亲自刻石撰文，其文称"皇后节俭，遗言薄葬，以为'盗贼之心，止求珍货，既无珍货，复何所求'。朕之本志，亦复如此。王者以天下为家，

何必物在陵中，乃为己有。今因九嵕山为陵，凿石之工才百余人，数十日而毕。不藏金玉、人马、器皿，皆用土木，形具而已，庶几奸盗息心，存没无累。当使百世子孙奉以为法。"太宗的主要意思是说，以后建陵"务以俭约"，不"劳费天下"，还要求"百世子孙奉以为法"。正是长孙皇后的崇德尚俭之举为天下人做出了榜样，太宗才做出这样的决定。

贞观十一年（637年），也就是长孙皇后去世一年之后，太宗下"薄葬诏"，希望破除在丧葬之事上的老传统。太宗

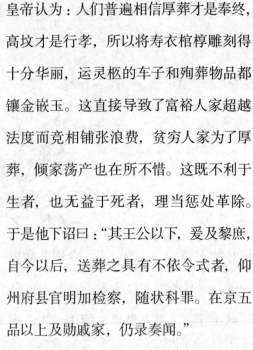

皇帝认为：人们普遍相信厚葬才是奉终，高坟才是行孝，所以将寿衣棺椁雕刻得十分华丽，运灵柩的车子和殉葬物品都镶金嵌玉。这直接导致了富裕人家超越法度而竞相铺张浪费，贫穷人家为了厚葬，倾家荡产也在所不惜。这既不利于生者，也无益于死者，理当惩处革除。于是他下诏曰："其王公以下，爰及黎庶，自今以后，送葬之具有不依令式者，仰州府县官明加检察，随状科罪。在京五品以上及勋戚家，仍录奏闻。"

从前太宗要厚葬高祖，可是如今他却向全天下下薄葬诏，当然是与长孙皇后的影响分不开的。而长孙皇后是将厚葬同无道之世联系在一起来看待的，完全可以说是放在政治的高度上加以认识的。这以后，薄葬观念渐渐被人们所接受。贞观十七年（643 年），魏征死后，太宗命以朝臣一品官员的礼仪葬之，但魏征妻子裴氏说："魏征一生节俭朴素，

如果用一品之仪下葬，根本不符合魏公的愿望。"所以裴氏对皇帝所赐之物，悉辞不受，以布车载着魏征的灵柩简朴地安葬了这位一代名臣。

相伴多年既是良妻又是益友的长孙皇后去世后，太宗心中十分悲伤，常常独自登上高楼无限深情地遥望长孙皇后的墓地昭陵，寄托自己的哀思。太宗经常因为过度思念长孙皇后而悲恸大哭，边哭边说："不是我不知道天命难为不可

改变，就算怎样的悲伤也无补于事，可每当我退朝回宫再也听不见皇后温文如水的话语和及时的劝谏，我就会分外伤心。我不仅仅是失去了一个妻子啊，我还失去了一个能辅佐我的良臣益友啊！我怎能忘怀于她！"贞观二十三（649年），53岁的唐太宗李世民病逝，终与长孙皇后合葬于昭陵。

而对于唐朝的大臣们来说，长孙皇后的过早离世，意味着一位政治象征的消失。多年来，朝堂的大臣已经习惯了长孙皇后的关怀，他们知道太宗从谏如流的背后，是因为有一位能积极开导太宗的妻子。长孙皇后从细节里表现出来的大气，是贞观之治能够出现的重要原因。

《全唐诗》中有两首悼念长孙皇后的诗，分别是李百药和朱子奢所做，代表了那个时代文人墨客对这位皇后的思念，诗文如下：

文德皇后挽歌

（唐）李百药

裴回两仪殿，怅望九成台。

玉辇终辞宴，瑶筐遂不开。

野旷阴风积，川长思鸟来。

寒山寂已暮，虞殡有馀哀。

文德皇后挽歌

（唐）朱子奢

神京背紫陌，缟驷结行辀。

北去横桥道，西分清渭流。

寒光向垄没，霜气入松楸。

今日泉台路，非是濯龙游。

七、皇后高才著《女则》
长孙儿女附小传

长孙皇后为大唐的江山社稷奉献了
自己全部的力量，真可谓鞠躬尽瘁死而
后已。但是作为一个女人，作为一个自
小就饱读诗书，才思敏捷、聪慧异常的
才女，长孙皇后有着鲜为人知的另一面。
她的文章写得非常好，而且很爱写诗，
可惜如今流传下来的只有寥寥数字。

长孙皇后极富才气，她读过的史书，
很多都加进了自己的批注。长孙皇后曾
写文章批评汉代明德马后不能抑制外戚

酿成祸端，"不能抑退外亲，使当朝贵盛，徒戒其车如流水马如龙，是开其祸败之源而防其末流也"！而在《全唐诗》中还收录了长孙皇后亲做的一首诗《春游曲》：

上苑桃花朝日明，兰闺艳妾动春情。

井上新桃偷面色，檐边嫩柳学身轻。

花中来去看舞蝶，树上长短听啼莺。

林下何须远借问，出众风流旧有名。

文字清雅秀丽，别有一番韵味。也许那个在上苑桃花的映照下活泼、爱笑、

爱玩、思春的少女，才是长孙皇后内心的期许。也许在这世上，也只有李世民才有资格看到那份明艳动人的"出众风流"有多么的流光溢彩。

史书记载，长孙皇后还著有《女则》一书，唐以前曾广泛传播，可惜后世没有流传下来。根据记载，这部书中的内容，汇总了古代女子卓著的事迹，是长孙皇后平日翻阅以随时提醒自己所用，与班昭所著的《女诫》完全不同。在她生前，即使是她的丈夫都没有见过这部书。那

是贞观十年，长孙皇后辞世不久，宫中女官突然携带着皇后编撰的《女则》十卷来求见太宗。太宗却从未听闻皇后著有此书，详询由来。女官回答说："皇后生前把历代妇人参政得失的历史编成此书，以作警戒。然而自觉文字尚不精练，不便呈献，想继续修缮，不想皇后还没有来得及修完就……"

太宗打开书卷，悲从中来，睹物思人，忍不住失声痛哭。然而当读完全文后，他由衷地敬佩起自己的妻子，并对近臣说："皇后此书，足可垂于后代。"然后下令把它印刷发行，希望全天下的女子都以之为鉴。可惜宋代以后，可能由于对女子读书的限制过多,《女则》这部书从此失传，后人难得窥其全貌。

长孙皇后，不仅在政治上委婉地进谏太宗，在后宫中树立德行典范。她还为唐太宗养育了众多的儿女。母以子贵，太宗死后继承皇位的唐高宗李治，就是长孙皇后的第三个儿子。

唐太宗李世民一共有十四个皇子，二十一个公主。长孙皇后为他生育了其中的七个孩子，分别是：太宗的长子李承乾、太宗第四子李泰、第九子李治，以及长乐公主、晋阳公主、新城公主和城阳公主。此外，她还亲自抚养了自小就失去母亲的豫章公主。长孙皇后自己一个人，就养育了太宗所有儿女中的三分之一，作为封建时代的女性，这也是

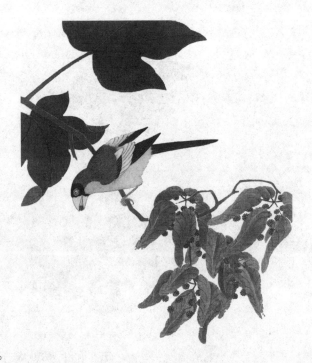

值得自豪的一件事情。

李承乾，字高明，是唐太宗的长子。李世民称帝后，年仅8岁的他就成了大唐的太子。年少的时候十分聪明，太宗和皇后都很喜欢他。皇后去世后，太子的声名日渐堕落。贞观十七年，因为谋反被废为庶人，流放黔州，贞观十九年去世。唐明皇时，将其陵墓迁到长安，陪葬长孙皇后之墓于昭陵。

李泰，字惠褒，是太宗的第四个儿子。

年少的时候就善于做文章，而且有一笔好字，聪敏绝伦，太宗因此而极为喜爱，特令他在府上别置文学馆，任自引召学士。可惜年仅 35 岁就去世了。

李治，太宗皇帝的第九子，也就是后来的唐高宗。性格宽厚，孝顺父母。长孙皇后驾崩之时，刚刚 9 岁的李治，悲痛异常，左右莫不感动，太宗屡加慰抚，于是特别的喜欢他。贞观十七年，李承乾谋杀李泰事发，太宗废太子承乾，改立晋王李治为太子。李治于贞观二十三年即位，弘道元年（683年）卒，享年56岁，其妻子就是历史上著名的女皇武则天。

长乐公主，唐太宗的第五个女儿，生于武德四年。她深得太宗的宠爱，在她下嫁的时候，太宗曾要求她的嫁妆要比永嘉公主多一倍，但被魏征劝谏才没有那么做。长乐公主贤淑温婉，下嫁长

孙无忌的儿子长孙冲。贞观十七年长乐公主去世，年仅 23 岁。唐太宗悲痛万分，将女儿葬于昭陵。

城阳公主，唐太宗第十六个女儿。城阳公主先嫁给杜如晦的次子杜荷，但是杜荷跟随李承乾谋反被杀。城阳公主后来改嫁给薛怀昱的儿子薛瓘，生育三子：薛顗、薛绪和薛绍。其中薛绍是太

平公主的第一任丈夫。三个儿子都因为琅琊王李冲起兵而被杀，薛顗、薛绪是直接参与，而薛绍是被牵连。

晋阳公主，唐太宗的第十九个女儿。值得一提的是，她是唐太宗亲自抚养的女儿，也是太宗最为钟爱的女儿。晋阳公主从小聪慧，喜读书，能写一笔跟太宗一模一样的飞白字，下人无法分辨真假。不幸的是，这位可爱的小公主可能遗传了父母双方的疾病，自小身体不好，在 12 岁的时候就病逝了。

新城公主，唐太宗最小的女儿，生于贞观八年。太宗皇帝曾打算把她许配给魏征的长子魏叔玉，但由于一些变故，婚事未成。贞观二十三年，太宗再为新

城选夫婿长孙诠。但是由于长孙无忌在政治上斗争失败，长孙诠被流放，死于当地官员之手，新城公主的第一次婚姻以不幸告终。后东阳公主为妹妹做媒，举荐韦正矩为驸马。成婚后，韦正矩经常虐待新城公主，甚至高宗都略有耳闻。龙朔三年三月，新城公主突然死亡。高宗认为她的死跟韦正矩有关，于是命令三司审理此案。三月二十二日，高宗命令处死韦正矩，举族流放。新城公主葬于昭陵，为众多陪葬墓中离长孙皇后陵墓最近的一座。

豫章公主，太宗第六个女儿，生母死于难产，由长孙皇后养大。太宗十分宠爱豫章公主。长大后，太宗将她下嫁唐义识。不幸的是，在长孙皇后去世后的第六年，豫章公主也不幸去世。太宗皇帝十分悲伤，曾一个月穿着丧服，直到魏征进谏，才改穿朝服。

　　长孙皇后亲生的儿女们，除了李治
做了皇帝，得享高寿以外，其余皆不长寿，
早早地就离开了人世。这也算是完美无
瑕的长孙皇后所无能为力的遗憾吧！

八、新旧《唐书》两立传 《资治通鉴》叹贤良

长孙皇后以她的品行情操，不仅赢得了唐太宗及宫内外所有人士的敬仰，而且还为后世树立了贤良皇后的典范。到了高宗时，高宗又尊她为"文德顺圣皇后"。

历史上能立传的女性并不多，能立传而又无一句贬语的就更是凤毛麟角了。长孙皇后用自己的胸怀才智，身体力行儒家理想中的后妃之德，终于征服了男权社会中的史官。她简短而辉煌的一生，被写进了《旧唐书》和《新唐书》两部史书之中。如果说谁是唐代最有权的女性，那无疑是武则天，如果说谁是唐代最令人敬重的女性，那非长孙皇后莫属！

《旧唐书》中给长孙皇后所立之传赞誉之词随处可见：

> 少好读书，造次必循礼则。

武德元年，册为秦王妃。时太宗功业既高，隐太子猜忌滋甚。后孝事高祖，恭顺妃嫔，尽力弥缝，以存内助。及难作，太宗在玄武门，方引将士入宫授甲，后亲慰勉之，左右莫不感激。九年，册拜皇太子妃。

后性尤俭约，凡所服御，取给而已。

后曰："死生有命，非人力所加。若修福可延，吾素非为恶。若行善无效，何福可求？赦者，国之大事；佛道者，示存异方之教耳，非惟政体靡弊，又是上所不为，岂以吾一妇人而乱天下法？"

贤哉长孙，母仪何伟！

中国有秉笔直书的史官传统，史书的记载大多真实可信。而前后两部唐书对长孙皇后的记载并无太大差别，可知书中所记载的事情应该属实。《新唐书》

为长孙皇后所立的传虽然又增加了很多内容，但无一不是褒奖长孙皇后之词：

后喜图传，视古善恶以自鉴，矜尚礼法。

性约素，服御取给则止。

益观书，虽容栉不少废。

如果说新旧两唐书皆是唐史官执笔，难免有溢美之词。那么由司马光所著的《资治通鉴》则绝对是可以相信的史实。

纵观长孙皇后有些短暂的一生，实

在令人赞叹不已。她 26 岁就已经贵为皇后，然而她处尊位而不骄扈，享富贵而不奢侈，受宠爱而不忘形。她治理后宫，宽厚明达，贤惠善良，上下无不敬服；她身为皇后却能约束外戚，以身作则，为家为国；她委婉进谏，潜移默化，保护贤臣，对贞观谏诤之风的出现起了难以估量的作用；她崇德尚俭，身体力行，为天下树立节俭之榜样；长孙皇后是贞观之治背后的影子，她为当时社会的繁

荣安定做了自已能做的一切。

作为妻子，长孙皇后相夫教子成就丈夫孩子的盖世英名，福及子孙；作为皇后，她辅佐李世民成就千秋大业，泽被天下，恩及苍生；作为女人，她聪慧美丽，学识渊博，远见卓识，青史留名。长孙皇后不愧为史上最令人敬佩的皇后。